LIÉVIN BAUWENS

SON EXPÉDITION EN ANGLETERRE ET SON PROCÈS A LONDRES (1798-1799)

DISCOURS

PRONONCÉ PAR

M. NAPOLÉON DE PAUW

PROCUREUR GÉNÉRAL

A l'audience solennelle de rentrée du 1er octobre 1903
et dont la Cour a ordonné l'impression

GAND
LIBRAIRIE GÉNÉRALE DE AD. HOSTE, ÉDITEUR
Rue des Champs, 47

1903

LIÉVIN BAUWENS

SON EXPÉDITION EN ANGLETERRE ET SON PROCÈS A LONDRES (1798-1799).

LIÉVIN BAUWENS

SON EXPÉDITION EN ANGLETERRE
ET SON PROCÈS A LONDRES (1798-1799)

DISCOURS

PRONONCÉ PAR

M. Napoléon de PAUW

PROCUREUR GÉNÉRAL

A l'audience solennelle de rentrée du 1er octobre 1903
et dont la Cour a ordonné l'impression

GAND
LIBRAIRIE GÉNÉRALE DE AD. HOSTE, ÉDITEUR
Rue des Champs, 47

1903

LIÉVIN BAUWENS

Son expédition en Angleterre et son procès à Londres (1798-1799).

Messieurs,

Je me propose de vous entretenir, comme l'année dernière, d'une cause célèbre concernant l'une de nos illustrations nationales. Ayant fait deux parts de ma vie, l'une (la plus considérable) consacrée aux choses du Droit, l'autre aux recherches historiques dans les archives et les bibliothèques, je pense vous être agréable et faire chose utile en vous donnant la primeur de procès intéressants d'après les documents inédits exhumés des dépôts publics ou privés; je suis même convaincu que c'est un véritable devoir, lorsque, par suite d'une heureuse fortune, on a pu mettre la main sur des pièces rectifiant les erreurs qui traînent dans les biographies, et que l'on peut faire connaître la procédure suivie à l'occasion de personnages ou d'évènements importants. Il s'agit encore cette fois d'un vieux Gantois; seulement, ce ne sont plus les péripéties de quinze années de meurtres et d'assassinats avec leurs enquêtes et leurs condamnations pénales que je compte vous narrer aujourd'hui, comme pour le héros de la bataille des Éperons d'or, imbu, de même que ses compatriotes moins illustres, de toute la rudesse et de la barbarie des mœurs du moyen-âge [1]; je veux vous faire descendre six siècles et vous présenter les détails d'un procès commercial et criminel à l'aurore de l'ère moderne, au sortir de la grande Révolution française. Le récit que je vous ferai, les révélations que j'apporterai, les rectifications que je serai obligé de faire à des légendes, admises jusqu'à ce jour comme véridique histoire, sont puisés dans un dossier que j'ai retrouvé à Londres, et dans des archives de famille, consistant en des milliers de pièces officielles et de lettres particulières, tous documents de la plus indiscutable authenticité qui se trouvent dans des dépôts publics ou leur sont destinés [2].

---

(1) Messire JEAN BORLUUT, voir ma mercuriale de 1902, et, pour son titre, les pièces du temps citées p. 23.

(2) Les archives de famille que je possède comprennent quinze portefeuilles, chacun de mille pièces environ : minutes et copies de lettres, mémoires, notes, croquis et dessins de machines etc., de la main de LIÉVIN BAUWENS; volumineuse correspondance avec ses frères, sœurs et beaux-frères, jusqu'à l'avant-veille de sa mort (de 1797 à 1822), avec les directeurs de ses divers établissements (DE LATOUR, ses cousins FRANÇOIS et BERNARD DE PAUW, GIRON, PÉRIER, ROLLAND, etc.), les ouvriers anglais embauchés, les armateurs et corsaires au moment même de son coup de main, les Ministres (CHAPTAL, CRETEL, MONTALIVET, etc.), le Préfet FAIPOULT, (120 lettres

La ville de Gand, comme toutes les grandes cités du monde civilisé, a glorifié par des statues les plus illustres de ses enfants : son plus puissant génie politique du moyen-âge [1], son plus grand avocat [2], son plus célèbre médecin [3]; son plus génial industriel, fondateur de sa prospérité commerciale [4]. C'est de ce dernier que je compte vous parler.

Le 13 juillet 1885, notre cité natale, réalisant des projets souvent conçus, abondonnés et repris depuis un demi siècle, inaugurait solennellement, sur une de ses places publiques, créée au milieu d'un quartier transformé, en regard des fabriques dues au développement de son génie créateur, à côté des vieux monuments dont se préparait l'intelligente restauration, en présence d'un Ministre du Roi, de toutes les autorités et de toutes les classes de

---

intimes, de 1800 à 1809); de nombreux extraits de jugements et copies de pièces de procédures et de consultations d'avocats; les arrêtés et pièces de ses nominations : de Maire (1800), de Colonel de la Garde d'Honneur et de Chevalier de la Légion d'Honneur (1810), etc. etc., sans compter plusieurs registres, cartons et caisses de papiers et de lettres d'affaires avec les principaux industriels du continent. — Tous ces documents ont été confiés par Liévin Bauwens à son beau-frère Bernard de Pauw, lorsqu'il se rendit à Paris en 1818 pour y refaire sa fortune perdue dans le désastre de l'Empire. — D'autre part, les petits-fils de Liévin et de Jean Bauwens ont bien voulu me communiquer leurs papiers de famille; je leur en exprime ici mes sincères remerciments.

(1) Artevelde (1290?-1345).
(2) Metdepenningen (1799-1884).
(3) Guislain (1797-1860).
(4) Liévin Bauwens (1769-1822).

la population apportant des couronnes, et aux accords des phalanges du Conservatoire qui fêtait son cinquantenaire, — la ville de Gand dressait définitivement l'image en bronze de Liévin Bauwens, exécutée depuis plus de trente ans par son concitoyen, l'auteur de la statue du grand Artevelde, et dont le projet, qui avait figuré souvent dans ses expositions et ses festivités, se réalisait en ce jour par les souscriptions de ses admirateurs et les subsides de la Ville, de la Province et de l'Etat (1).

Dans un discours magistral, le bourgmestre de Gand, M. Hippolyte Lippens, retraçait de main de maître la carrière utile et glorieuse de son prédécesseur, de ce Maire de Gand, qui au commencement de ce siècle et d'après les autorités officielles de son temps, « avait ravi à « l'égoïste Angleterre le secret de ses fabriques « et ouvert de nouvelles sources de prospérité « à ses concitoyens ».

Cette entreprise hardie ne fut point exécutée sans péril; ses biographes sont généralement

____

(1) Le dernier comité était composé des industriels et banquiers les plus considérables : MM. Charles DE HEMP-TINNE, président des établissements LOUSBERGS et autres, président; Constant VERHAEGHE DE NAEYER, ancien sénateur; Jules DE HEMPTINNE, membre de la Chambre des représentants; G. PARMENTIER VAN HOEGAERDEN; Charles PICKAERT, président de la Chambre de commerce; VAN DE CASTEELE-DU BAR, président du Cercle commercial DE NOBELE, avocat, conseiller communal, membres; Louis DE HEMPTINNE, trésorier; Charles ABEL, fondateur et directeur du journal *Le Commerce et l'Industrie* de Gand, secrétaire. — MM. ABEL et DE NOBELE ont été l'âme de ce comité.

d'accord qu'il y sacrifia une partie de son immense fortune[1]; quant aux risques personnels qu'il courut, tous rapportent la tradition qu'il fut condamné à mort par contumace à Londres et pendu en effigie, pour avoir, au mépris des lois britanniques, exporté des machines et suborné des ouvriers; seul, un de ses modernes historiens, exhumant les textes mêmes des lois, prétendit que la peine de mort n'était point édictée pour de telles infractions, mais simplement la prison et l'amende, et semblait diminuer ainsi son mérite en montrant qu'il n'avait pas mis en danger sa propre existence[2]. Mais c'étaient les pièces mêmes du procès qu'il fallait consulter; je suis parvenu à les retrouver dans les archives de Londres; je vous les résumerai, et ne vous étonnerai sans

---

(1) Les meilleurs historiens de Liévin Bauwens sont outre les auteurs anonymes des notices biographiques insérées, dès 1829, dans l'édition de *Marcus van Vaernewyck, Historie van Belgis*, t. II, p. 10 à 12, en 1853 dans *le Messager des Sciences* (HEBBELYNCK), p. 164 à 185, et en 1867, dans le *Grand Dictionnaire universel du XIXe siècle* de LAROUSSE, t. II, p. 398 : le Baron Jules DE SAINT-GENOIS DES MOTTES, dans la *Biographie Nationale*, t. II (1868), col. 2 à 15; Robert HARTHAUG (pseudonyme), dans la *Collection Nationale* (Bruxelles, 1885, in 12 de 36 pages); Prosper CLAEYS, dans ses *Pages d'Histoire locale*, t. II (Gand, 1885), p. 219 à 242; J. H. VAN DEN DAELE, dans la collection de biographies du *Willems' Fonds* (Gand, 1885, in 12 de 56 pages); Odilon PÉRIER, *Lieven Bauwens en de opkomst der katoennijverheid in Vlaanderen* (Gand, 1885, 108 pages) ; enfin, A. BOGHAERT-VACHÉ, lauréat de sociétés d'Anvers et de Mulhouse, *Un précurseur de Richard Lenoir* (Mulhouse, 1886, in 8° de 45 pages), qui résume et critique ses nombreux prédécesseurs.

(2) Odilon PÉRIER, *op. cit.*, p. 47 à 57.

doute pas médiocrement en vous apprenant
que, tandis que ses principaux collaborateurs
furent condamnés à de fortes amendes et à de
longs emprisonnements, Liévin Bauwens, loin
d'être condamné à mort, ne le fut pas même à
la plus légère amende, et que, pourtant, vu les
circonstances du temps, il risqua sa vie dans
son aventureuse entreprise. Cette démonstra-
tion ressortira pleinement de l'examen des
événements historiques et nous permettra de
faire une incursion des plus intéressante dans
l'ancien droit et la procédure de la Grande-
Bretagne.

*
* *

Mais, avant d'entrer dans le dédale des lois
anglaises, il importe de donner quelques notes
biographiques, sur le héros de ce drame judiciaire.

Liévin Bauwens, né à Gand le 14 juin 1769,
était issu d'une ancienne famille industrielle,
qui depuis le XIVe siècle était inscrite dans la
corporation des tanneurs. Tandis qu'une bran-
che importante figure dans leur livre « comme
« ne faisant pas le métier » et que l'un de ses
membres, conseiller au Conseil de Flandre, fut
anobli en 1731 [1], le père de Liévin avait
continué avec succès l'industrie familiale et y
avait apporté de tels perfectionnements que ses
produits luttaient sur les marchés anglais avec

---

(1) B^{on} DE HERCKENRODE, *Complément au Nobiliaire des
Pays-Bas et du Comté de Bourgogne*, tome I (1870), p. 314
à 342.

les meilleurs fabricats du royaume. Dès l'âge de 17 ans, le fils y avait été envoyé pour se perfectionner, et, à l'âge de 28 ans, il y avait accompli jusqu'à trente voyages, suivis de séjours prolongés. Mais son père était mort en 1789, et la continuation de ses nombreux établissements avait passé à sa veuve et à ses treize enfants, dont cinq fils et huit filles. Ces établissements étaient considérables : outre deux grandes tanneries à Gand, ils en possédaient une très importante à Passy près Paris, dans l'ancien couvent des Bonshommes. La maison Bauwens avait acquis également l'hôtel Richelieu à Paris, et se trouvait chargée des grandes livraisons de cuirs aux armées françaises, notamment à celle de Sambre et Meuse sous le général Hoche en 1795, et était cessionnaire des fermages et revenus des domaines nationaux de toute nature dans les neuf départements réunis en 1796. Un des plus jeunes frères, Jean Bauwens, dirigeait une maison de commerce et de banque à Hambourg, et avait un correspondant à Londres, Jean-Baptiste Lammens, autre Gantois, établi avec de nombreux commis au centre de la Cité, dans la Jewry street; leurs magasins étaient situés à proximité. Les principaux négociants avec lesquels ils faisaient des affaires, étaient les tanneurs Undershell, chez qui Liévin Bauwens avait fait son éducation industrielle, et les banquiers Lecointe, d'origine française. La maison Bauwens faisait, en outre, un commerce très étendu en denrées coloniales; ses navires sillonnaient les mers et partaient d'Ostende, où la maison van Iseghem était son principal armateur, faisaient la navette entre cette ville et Gravesend, Douvres, Hastings, et relâchaient à Embden et Flessingue, par les eaux intérieures, tandis que ceux de Hambourg partaient surtout de Yarmouth, port situé à une centaine de milles au nord-est de Londres.

Quant aux huit sœurs de Liévin Bauwens, il n'est pas inutile de dire qu'au moment où nous abordons le récit de l'expédition en Angleterre et de la procédure criminelle qui s'en suivit, vers la fin de 1798, les aînées étaient mariées à des industriels de pays différents, unions qui attestent les relations étendues de cette famille; les cadettes étaient fiancées et se marièrent plus tard à d'autres, associés à leurs entreprises[1].

Cette circonstance explique comment son attention fut attirée sur les progrès des manufactures anglaises par les fabriques de coton qui existaient alors déjà à Gand, et notamment par celle de son beau-frère De Vos; nous verrons même celui-ci faire avec lui un voyage à

---

[1] L'aînée avait épousé un *Flamand*, François DE VOS, fabricant de cotons imprimés à Gand, sous la firme « De Vos et Voortman »; une autre, Ferdinand HEYNDRICX, du même pays; la puînée, un *Français*, Gabriel GUINARD (le père du docteur qui a légué sa fortune à sa ville natale); une autre encore, un *Allemand*, le Baron DE FÜRTH, qui s'occupa de la même industrie; les plus jeunes allaient épouser MM. Bernard DE PAUW, Charles DE SMET, Jérôme MONTOBIO (*Espagnol*) et Jean HEYMAN, qui tous appartenaient à la grande industrie de Gand.

Flessingue pour y parler des métiers à filer (*spinning-mills*). Mais l'initiative et l'exécution de son hardi projet lui appartiennent tout entières, et il sut l'accomplir avec l'aide de nombreux parents et amis, dont le dévoûment fut plus ou moins étendu, et qui tous risquèrent leur fortune, leur liberté et leur existence.

Il ne faut pas oublier, en effet, qu'au moment où Liévin Bauwens avait pu constater dans les fabriques de Manchester, l'immense supériorité que la nouvelle invention des *mull-jenny* allait donner à l'industrie anglaise sur celle du continent, la guerre entre la France et l'Angleterre était arrivée à son paroxysme. Il suivait d'un œil inquiet les phases de la lutte européenne et les chances de la coalition générale contre la France. L'hostilité de l'Angleterre devenait de jour en jour plus accentuée ; la seconde réunion de la Belgique, son pied-à-terre sur le continent, à la France, son ennemie héréditaire, venait d'être proclamée (18 juin 1796) et était devenue irrévocable par le traité de Campo-Formio (18 octobre 1797). L'armée d'Angleterre avait été créée et mise sous le commandement du jeune vainqueur de Montenotte et d'Arcole ; une invasion dans les Iles Britanniques était imminente. Dans ces conditions, il tombait sous le sens que les relations commerciales avec l'Angleterre deviendraient de plus en plus difficiles, et que les nations ennemies finiraient même par recourir à des mesures violentes qui priveraient sa patrie, dès lors définitivement liée au sort de la France,

de l'introduction des marchandises manufactu-
rées de la Grande-Bretagne. Un seul moyen
pouvait donc sauver ses compatriotes; il était
simple, mais aussi plein de périls; il fallait
ravir aux Anglais le secret de leurs dernières
inventions en fait de machines à filer; seulement, des lois, sévères déjà en temps de paix,
punissaient de fortes amendes et d'années de
prison, l'indigène qui eût été assez audacieux
pour les exporter du Royaume-Uni. Combien
plus grands devaient être ces dangers, en temps
de guerre, pour l'étranger, alors qu'il ne s'agissait plus d'un déplacement de fortune, mais
d'un moyen de se priver à jamais du secours
de l'ennemi, et où la moindre démarche de ce
genre pouvait donner lieu immédiatement à une
accusation de *conspiration* et de *connivence avec
l'ennemi*, jugées par la loi martiale, et punies du
dernier supplice! Tels sont les périls qu'af-
fronta ce jeune homme de 28 ans, telle est
l'entreprise glorieuse à laquelle il consacra sa
fortune, et qu'il aurait payée de sa vie, s'il avait
été moins prompt à en assurer la réalisation.

Il fallait, à prix d'or, aidé par des hommes
intelligents et sûrs, corrompre des ouvriers,
acheter des mécaniques, les faire passer sur le
continent. Liévin Bauwens lui-même, qui avait
fait trente voyages en Angleterre, y était trop
connu; il devait donc se servir de ruses et
d'intermédiaires. Voici l'expédient qu'il em-
ploya. La maison Bauwens faisait par Hambourg et Ostende, un grand commerce, non
seulement en cuirs et cotons bruts, mais encore

en tabacs, sucres, cafés et autres denrées coloniales. Ces dernières étaient transportées en
barriques et tonneaux, où l'on pourrait, en les
démontant, cacher par parties les machines
que l'on aurait acquises. Mais ces machines
mêmes, il fallait les faire venir du nord de
l'Angleterre, où on les fabriquait, à Londres
ou à l'un des ports de la côte. Liévin Bauwens
se lia donc avec quelques ouvriers de Manchester et de Londres, et les mit en rapport
avec les principaux de ses affidés. L'un d'entre
eux, Saul Harding, simple ouvrier à gages, et
payé à la semaine, chez Forster et Cie à Bromley Hall, près de Londres, fut envoyé à Manchester, pour y acheter des mécaniques pour le
compte d'un certain M. Simon, d'Altona. Ce
Simon n'était autre qu'un des commis de la
maison Bauwens à Hambourg. Il devait dire
(et l'on tâcha de prouver plus tard) que ces
machines étaient destinées à l'établissement
d'une filature de coton et d'une imprimerie
d'objets manufacturés, *en Ecosse*, pour lesquelles Harding et Simon devaient s'associer, le
premier en achetant les machines, outils et
métiers, et en quittant sa fabrique dès qu'ils
seraient installés, le second en fournissant les
fonds nécessaires, soit immédiatement 2000
livres sterling (50,000 francs)[1]. Ce contrat
supposé, auquel on donna plus tard la date du
2 décembre 1797, n'était qu'un trompe-l'œil.
Nous verrons, moins d'un an après, Harding,

---

[1] Mémoire non daté de l'avocat anglais Rouss.

installé à Londres, China Shop, Poplar, quartier de la ville avoisinant Bromley et les docks de la Tamise, s'y faire envoyer les machines achetées à Manchester, chez Adam Parkinson et les faire déposer à l'entrepôt de Pickford[1]. Liévin lui-même avait acheté à James Hulse, à Manchester, trois métiers, et il avait embauché, outre ce dernier, J. Dean, fils de James, filateur de coton dans la même ville, James Farrar, tourneur en bois et en fer, et James Kenyon, directeur d'une fabrique [2].

Bien plus, non content de se procurer les mécaniques les plus perfectionnées pour la filature du coton, mais voulant leur appliquer l'immense avantage des machines à vapeur nouvellement inventées, et qui décuplaient leur puissance, il acheta lui-même chez les célèbres James Watt et Boulton, constructeurs de machines à Soho, au prix de 500 livres sterling (12,500 francs) une machine à vapeur, en fer et en bois, de la force de quatre chevaux, brûlant 50 livres de bons charbons de Newcastle par heure, et qui devait (prétendûment) servir à moudre les grains et être livrée en déans les six mois[3].

Au mois d'août 1797, nous le retrouvons à Londres chez les frères Lecointe, occupé d'opérations en cuirs et cotons, sucres et cafés; il les

---

(1) Lettre du 3 septembre 1798.

(2) Mémoire de LIÉVIN BAUWENS contre JAMES FARRAR (1807).

(3) Lettre de JAMES WATT à LIÉVIN BAUWENS, à Birmingham, chez M. LOGETTE, le 31 juillet 1797.

quitte en promettant de revenir; ses corres-
pondants s'engagent à lui envoyer les lettres de
Harding[1] et celles déposées au Café Saint-
Paul[2]; le 1er octobre il est à Gand; Lammens
lui expédie cinq caisses marchandises par
Flessingue, et son frère Jean, de Hambourg,
se plaint des retards de l'un de ses parents,
François de Pauw, disant que, parti les poches
pleines d'or et n'en ayant plus de nouvelles
depuis vingt jours, il était fort inquiet, parce
que l'or baissait continuellement; il l'accusait
d'une négligence impardonnable[3]; seulement,
il n'était pas au courant des ordres directs que
lui avait donné Liévin. Entretemps, celui-ci
était, le 8 novembre, à Paris, et en écrivait une
lettre que les Lecointe expédièrent à Harding[4].

Ces correspondances le décident à entrepren-
dre son trente et unième voyage en Angleterre;
poussé par cette activité dévorante qui doit faire
réussir ses hardis projets, il écrit le 7 novembre 1797 à Lammens, qu'il compte revenir en
Angleterre dans la quinzaine[5]; le 24, il
mande de Gand qu'il n'attend plus que son
passe-port, que lui ont promis les frères
Lecointe; Lammens prend les mesures pour
l'envoyer avec ses lettres au « collector » de la
douane à Douvres[6]; le 15 décembre, il débar-

---

(1) Lecointe à Liévin Bauwens, 29 août 1797.
(2) Lammens à la Veuve Bauwens, 18 août 1797.
(3) Jean Bauwens à Liévin, 6 octobre 1797. — Lammens id. id.
(4) Lecointe à Liévin Bauwens, 28 novembre 1797.
(5) Lammens à la Veuve Bauwens, 18 novembre 1797.
(6) Le même à la même, 2 et 8 décembre 1797.

3

que à Douvres et se rend immédiatement à Londres chez son correspondant[1].

. Un bon mois lui suffit pour parcourir toute l'Angleterre; le 26 janvier 1798 il est déjà de retour à Douvres, après avoir donné à Lammens les ordres les plus détaillés pour accomplir les nombreuses opérations qu'il y avait faites[2]. C'étaient des expéditions de sucres, consignés à Flessingue, aux ordres de MM. De Vos et Voortman; des envois d'huiles de M. Undershell, consignés chez van Iseghem, à Ostende; « le remboursement, d'après les « ordres de Saul Harding à Manchester de 15 à « 1700 livres sterling, en en passant écriture « au compte de M. Jean Bauwens (à Hambourg) « et tenait à la disposition personnelle de « Liévin les marchandises qu'il recevrait de « Manchester, en l'avisant de leur arrivée, « pour qu'il pût lui faire tenir ses ordres, pour « l'expédition. » Liévin devait faire encaisser 3000 livres de change sur Gand, et lui en faire remise au cours de la place. Lammens lui envoyait 148 louis d'or qu'il avait oubliés chez lui, et lui donnait des lettres de recommandation pour M. Newport à Calais. Voulant régler ses comptes avec Watt et Boulton, Liévin leur avait écrit une lettre de Londres, pour leur envoyer un acompte de 3000 livres sterling sur la machine à vapeur[3]; mais, lors-

---

(1) Le même à la même, 16 décembre 1797.
(2) Id. 27 janvier 1798.
(3) James Watt à Liévin Bauwens, 26 janvier 1798. — Cette machine existait encore en 1845, d'après le

que le surlendemain l'associé de l'immortel inventeur se rend à Londres pour s'expliquer sur un malentendu dans la commande, il ne l'y trouve déjà plus[1] : Liévin Bauwens, muni d'une lettre de recommandation d'un négociant de Rotterdam, Van Dycke, alors réfugié à Londres, pour son ami Beyerman, à Paris, faubourg Poissonnière, rue Montholon, n° 304, est déjà repassé sur le continent, et les lettres de Watt ne l'atteignent qu'à Paris en passant par Calais[2].

Le 29 janvier, il quitte Douvres, après avoir fait de nouvelles recommandations à Lammens, et se rend à Paris, rue des Jeûneurs, 6. C'est là qu'il apprend les nouvelles d'Angleterre. Harding était encore à Manchester. La maison à laquelle il avait été recommandé écrit d'abord qu'elle faisait tout ce qui était en son pouvoir pour lui être utile, mais ensuite, voyant quel était le but de son voyage, elle y renonça. Harding se procura alors un commissionnaire, qui ferait les expéditions, et demandait 1300 livres de plus que les 1500 livres qu'il avait touchées chez Bickerdike, et autorisait « son ami » à se prévaloir sur Lammens pour le reste, ce que celui-ci confirme jusqu'à concurrence de 25 à 27 mille livres en tout, moyennant quoi, tout est en règle. « Il va son train, et dit dans sa

---

témoignage de l'un des neveux de Liévin Bauwens, le Dr Heyman, dans son *Enquête sur la condition des classes ouvrières* (Bruxelles, 1846), t. III, p. 333.

(1) Lammens à la Veuve Bauwens, 26 février 1798.
(2) Lettre de Van Dycke, 29 janvier 1798.

« dernière lettre que, sous peu de jours, il aura
« tout préparé » (1). Lammens avait, du reste,
fait les expéditions de sucres, huiles etc., qui
lui avaient été recommandées (2). Le 18 février,
Harding était revenu de Manchester ; il écrivit
immédiatement à Liévin Bauwens ; quelques
jours auparavant, il avait expédié 12 caisses
pour lesquelles on avait payé 14 livres de
charroi, et parmi lesquelles il y en avait d'une
grandeur énorme. Lammens s'occupa à cher-
cher un magasin pour les placer, mais il en
ignorait le contenu. Harding annonçait de nouveaux envois (3).

Cependant Lammens faisait charger de
25 barriques de sucres, valant 900 livres, le
navire danois *Gùte Fornehmen*, capitaine Krag,
en destination de Flessingue, qui devait mettre
à la voile, le 20 février (4), et le 6 mars, les
35 futailles d'huile de M. Undershell, la bière
et l'indigo sur le navire danois le *Freyling*, capitaine Olsèn ; le lendemain, il y fit transporter
« les 4 rouleaux de fer et quelques autres pièces
« de la même fabrique, et le surlendemain le
« maître Olsèn devait mettre à la voile pour
« Altona, porteur d'une lettre ostensible au nom
« de l'ami d'Hambourg » pour Mr A. J. van
« Iseghem, renfermant le connaissement » (5).
Le vent était favorable, mais, le 11 mars, au

---

(1) Lammens à Liévin Bauwens, 9 février 1798.
(2) Id., 19 fév. 1798.
(3) Id., 19 fév. 1798,
(4) Id., 6 mars 1798.
(5) Id., 10-11 mars 1798.

moment du départ, ce que l'on avait constamment craint, arriva; les douaniers faisant la visite à bord du *Freyling* avant son départ y trouvèrent les rouleaux et les roues que le sieur Leabrouck y avait jointes; ces objets étant absolument prohibés à l'exportation du pays, ils les saisirent, ainsi que le bâtiment et toute sa cargaison. — « La loi » ajoutait Lammens au désespoir, « porte, en outre, une amende de 100 livres. » Terrifié, il semble s'être enfui ou caché, car ses lettres sont datées d'Altona, elles paraissent toutefois antidatées et écrites à Londres[1].

Liévin avait écrit, les 21 et 27 février, pour savoir s'il y avait du danger de se rendre en Angleterre, et il lui avait été répondu par Lammens que « les étrangers qui venaient en « ce pays par vues d'affaires mercantiles ne sont « pas molestés ; comme je ne doute nullement « que les vôtres se bornent à cela, vous pouvez « y venir librement »[2]. Il fallait prendre une autre voie. Il se rendit donc à Flessingue, dans le but de s'adresser aux capitaines qui faisaient la contrebande avec l'Angleterre[3]. Accompagné de son beau-frère De Vos, et, sans se faire connaître, il s'adressa au capitaine Robb ; celui-ci accueillit ses ouvertures et s'adressa à Wenham, un des affidés de Bauwens.

Le 9 avril, il lui écrivit que cette affaire

---

(1) Lettres à Liévin Bauwens des 1er et 10 juin 1798 à Louvain.

(2) Lammens, au même, 10 mars 1798.

(3) Lettre de Robb, sans lieu ni date.

était pleine de risques et de difficultés, mais qu'il avait imaginé un plan pour envoyer à la côte les machines à filer qu'il s'agissait de transporter, et les déposer dans un lieu très secret, où elles seraient en sûreté jusqu'à ce qu'on pût les faire embarquer ; c'était là le seul moyen de leur faire traverser la mer en sûreté[1]. Liévin Bauwens le pria de se rendre à Gand, mais, déjà occupé à équiper son navire et ayant sa cargaison, Robb répondit que son intention était, dès son arrivée à Londres, de louer un charriot pour transporter les objets à la côte, et de louer un navire pour les lui apporter [2].

Cependant le capitaine Robb était arrivé dans la Tamise ; son navire étant neutre, ne pouvait s'approcher qu'à une lieue et demie de Londres ; il ne put décharger que le 6 juin [3]. Simon, envoyé par Bauwens chez Lammens, était arrivé le 29 mai ; après avoir aplani les difficultés pour son passe-port [4] avec les Lecointe et Undershell, pour les envois d'argent, et « pour les balles signées V. V., et les 17 bal-« les de L. B. à Mr de Pauw, à Hambourg » dont ils se défiaient, il s'adressa au « directeur de la fabrique » (Harding), qui lui dit que tout était prêt, mais qu'il ne connaissait pas encore l'emplacement de la fabrique à établir, que tous les endroits étaient favorables en ce pays [5]. Il continuait, du reste, l'embauchage

---

(1) Lettre de ROBB, 9 avril 1798.
(2) Id., 12 avril 1798.
(3) Lettre de SIMON à LIÉVIN BAUWENS, 6 juin 1798.
(4) Id., 29 mai 1798.
(5) Id., 6 juin 1798.

des ouvriers; ainsi Dinger (auquel il avait
donné 100 livres) avait promis d'arranger
toutes ses affaires en quinze jours, et de partir
pour Hambourg, afin d'accompagner Liévin
Bauwens (à Londres?) avec les autres. Simon
acheta des cafés, des cotons en balle, et les
expédia par Ocket qui devait partir le 23 juin,
en y joignant des caisses d'instruments de
mathématiques; il assura le navire pour les
marchandises, et attendait le 19 juin « W. fils
« de celui de Flessingue » (Wenham), « pour
« lui en parler; il y avait encore 21 balles à
« l'adresse D. V.; fallait-il les expédier par
« Robb? » (1)

Le 3 juin, Liévin Bauwens avait chargé
Lammens de conférer avec Simon pour l'achat
de marchandises, principalement de denrées
coloniales; celui-ci se prêtait à ses vues, mais
il désirait « éviter soigneusement d'y ajouter
« la moindre chose qui passe sous la dénomi-
« nation de manufacture anglaise ». Le capitaine
Robb devait charger à la fin du mois; sa
cargaison devait être de cotons en laine et
cafés. Il ne voyait aucune difficulté à ce que
« l'ami L. B. » vînt en ce pays, soit par
Gravesend, ou tout autre endroit où il pouvait
s'embarquer; son passe-port lui serait immédiatement délivré (2).

Cependant Simon remet le 12 juin aux frères
Lecointe à Londres deux lettres des frères Fran-

---

(1) Lettre de SIMON à LIÉVIN BAUWENS, 21 juin 1798.
(2) LAMMENS à LIÉVIN BAUWENS, d'Altona à Louvain, 10 juin 1798.

çois et Liévin Bauwens, datées de Paris, commencement de juin [1], et le 22 du même mois, la maison Bauwens de Hambourg paie au capitaine Robb le port de « deux caisses d'instruments », suivi le 13 août suivant d'un nouveau paiement de 50 livres sterling [2]. Le 29 juin, le capitaine Ocket arrive à Lillo, chargé de 81 balles de marchandises et 18 tonneaux de couperose [3].

Le 16 juillet un ouvrier embauché par Liévin Bauwens est arrivé à Flessingue avec sa femme et n'attend plus que son passe-port [4].

C'est vers cette époque que la tradition place les premières expéditions de parties de machines passées en fraude de l'Angleterre sur le continent. Tout semble confirmer cette hypothèse, car si la correspondance ci-dessus établit la fréquence et la rapidité des voyages, les débris de comptes de la maison Bauwens portent la trace des largesses à des Anglais, ses fournisseurs et ses coopérateurs. Un état des dettes et créances de l'exercice 1798 de la maison de Hambourg porte, en effet, le paiement, outre les 27,000 livres payées directement à Harding : à J. Greaves, de Manchester, de 100 livres sterling, le 20 mars, et de 300 autres, le 7 avril ; à Simon, de 30 livres le 31 mai, de 150 le 14 juin, et de 30 le 19 juillet ; à Harding, 80 livres le 28 juin ; à Yewdall ;

---

(1) Lettre de Lecointe, 12 juin 1798.
(2) Doit-avoir de la maison Bauwens, de 1798.
(3) Lettre de Willemsen, d'Anvers, 19 juin 1798.
(4) Lettre de Sigry à Liévin Bauwens, 18 juillet 1798.

5 livres, et à Olsen 1 livre 11 sous 6 deniers,
le 30 juin; à Gaines, 31 livres 15 sous 9 deniers,
le 7 août; à Blunt, 9 livres 19 sous; à Benthem,
4 livres 17 sous 6 deniers; à Palmer, 11 livres
15 sous 16 deniers; à Wilkinson, 4 livres
5 sous 4 deniers, le tout du 13 au 18 août 1798.
Enfin, à cette dernière date, Saul Harding
reçoit pour frais de 48 colis la somme énorme
de 141 livres 8 sous 7 deniers[1] (plus de
3600 francs), et le 18 septembre pour 11 caisses, 22 livres, 11 sous, 10 deniers.

C'est au milieu de ces périls, alors qu'une
partie de ses machines avaient été saisies, vers
le mois d'août 1798, que Liévin Bauwens entre-
prit son trente-deuxième et dernier voyage en
Angleterre. Le dénoûment de ses labeurs, de
ses périls, de ses sacrifices de deux années
approchait; il fallait l'œil du maître, pour
surveiller les derniers engagements, les embar-
quements définitifs des hommes et des choses
enlevés au prix de tant de ruses et d'efforts à
l'égoïsme britannique.

Le 25 août, Saul Harding, installé à Londres,
China Shop, avait reçu d'Adam Parkinson, de
Manchester, un nouvel envoi de onze caisses
remplies de roues, cylindres (gravés ou non),
rouleaux, planches pour métiers, etc., qui
devaient, selon convention, être déposées à
l'entrepôt de Pickford; l'expéditeur s'excusait
du retard et promettait d'envoyer promptement

---

(1) Doit-avoir de la maison BAUWENS, de 1798.

le reste de la commande [1]. Il reconnut plus tard avoir reçu de la banque Grand plus de 500 livres sterling pour ces machines [2].

Le plus difficile restait à faire, c'était d'embaucher des ouvriers, qui consentiraient à braver les lois de leurs pays et à s'expatrier du sol natal qu'ils ne devaient plus revoir, de briser au besoin les liens de famille auxquels les races germaniques ont de tout temps été si fortement attachées.

Il y avait alors au centre de la Cité, dans la Lombardstreet, entre l'église Saint-Paul, la Banque, la Bourse, Guildhall et Mansion House, non loin des logements de Liévin Bauwens, de François de Pauw, de Jean-Baptiste Lammens et de leur premier complice anglais Saul Harding, un cabaret à l'enseigne du Lion Rouge, où les conjurés se réunissaient souvent. C'était sans doute le café Saint-Paul dont il est parlé dans les lettres. Ils eurent bientôt mis l'hôte, Miles Swainson, sa femme, son fils et son frère Lawrence dans la confidence de leurs projets, et ils y louèrent une chambre particulière pour se mettre à l'abri des regards indiscrets. C'est là qu'ils attirèrent les ouvriers de Londres qui devaient venir renforcer le contingent que l'on attendait de Manchester. Le premier semble avoir été un certain Richard Smallbonds. Le 4 septembre 1798, Bauwens, Lammens et Harding y reçurent avec lui les nommés Richard

---

Lewis, James Tagg et John Laughton, ouvriers cotonniers et constructeurs de métiers, et les décidèrent à quitter la Grande-Bretagne et à les accompagner à Hambourg, en leur promettant 60 livres comptant, les frais de voyage, et 3 guinées (79 francs) par semaine, feu et lieu, jusqu'à ce qu'ils fussent engagés dans une imprimerie de coton en cette ville, où ils gagneraient un penny par yard (90 centimètres). Le 3 octobre, Harding amena encore Joseph Jepson, qui fut engagé aux mêmes conditions. Il en fut de même de Mayer et White. Le sort de leur famille était assuré en attendant; ainsi, Bauwens avait donné à Swainson un billet de 50 livres pour payer à la femme de Tagg, qui était enceinte, une guinée et demie (28 francs) par semaine pendant l'absence de son mari. La maison de Hambourg faisait, à cet effet, des envois continuels d'argent; le 4 octobre, Liévin en recevait 80 livres, et cinq jours plus tard, 25 [1].

Cependant le restant des machines et les ouvriers de Manchester n'arrivaient pas. Dans leurs longues soirées pleines d'angoisses, à leur pauvre chambre du *Lion Rouge*, Bauwens s'occupait, avec Swainson et sa femme, à rappeler ses souvenirs touchant la construction des machines; il découpait des cartes, pour reconstituer l'agencement des diverses parties [2].

D'autre part, le mal du pays le saisissait

---

[1] Doit-avoir de la maison BAUWENS, de 1798.
[2] LAMMENS à la Veuve BAUWENS, 15 Septembre 1798.

dans cette longue attente ; il écrivait fréquemment à ses frères et ses amis, ses confidents, restés sur le continent. « J'aspire à revoir la « fabrique », écrivait-il dès le 15 septembre à son cousin Bernard de Pauw, directeur de son établissement de Gand ; et, au milieu de ses plus grandes préoccupations il lui donnait ses instructions les plus minutieuses sur la préparation des peaux et des cuirs, il lui recommandait son nouvel établissement de Tronchiennes, et entrait dans les détails sur les préparatifs à faire pour son cheval Betsy, ses voitures, ses harnais, ses meubles. Il ne comptait plus rester, disait-il, que quinze jours à Londres ; il attendait les capitaines Robb et Ocket.

Entretemps les jours s'écoulaient. Un mois après Robb était arrivé ; mais Ocket n'était point parti. Liévin recommande à la hâte à son ami Bernard de le munir de 8 flacons de liqueurs, pour en faire cadeau : 2 à Mazzinghi, 2 à Great ou Morris (du *cutter*), et 4 pour Londres [1].

Liévin Bauwens se trouvait encore dans cette ville les 20 et 26 octobre [2], d'où il pouvait faire des excursions dans les ports de la côte pour l'exécution de ses projets : à Gravesend, sur la Tamise, à 30 milles à l'est de Londres ; à Yarmouth, port de mer à 100 milles au nord, au sud, où il envoyait souvent le fils Swainson en chaise de poste ; à Hastings où

---

(1) Lammens à la Veuve Bauwens, 17 octobre 1798.
(2) Lecointe à Liévin Bauwens, même date.

l'un de ses affidés, William Wenham, préparait le passage en fraude des marchandises. « Vous pouvez être tranquille » lui écrivait celui-ci en réponse à deux lettres du 1er et du 4 novembre ; « depuis que je vous ai quitté à « Hastings, j'ai trouvé l'occasion de les faire « passer, mais je garde près de moi les onze « caisses que vous désirez avoir ; je viendrai, du « reste, à Londres dans quatre ou cinq jours, « ou peut-être dans dix ou quatorze, le vent est « favorable », etc. (1) C'étaient évidemment les caisses formant le premier envoi de Parkinson à Harding.

Fatigué de tous ces retards, car Liévin avait écrit de Londres à son frère François à Paris, qu'il serait à Hambourg chez son frère Jean au commencement de novembre, il résolut d'en finir, et fixa le jour de son départ définitif avec les ouvriers de Londres et ceux de Manchester, qui venaient d'arriver, au 12 novembre, du port de Gravesend. C'était le jour de la fête de son patron Saint Liévin, qui était à la fois celui de sa ville natale. Comme il ne péchait point par excès de zèle religieux et qu'il avait été élevé dans les principes voltairiens, il est probable qu'il n'y pensa même pas, et qu'il n'y eut là qu'une simple coïncidence (2). Il donna donc

---

(1) Lettre de William Wenham à Liévin Bauwens, novembre 1798.

(2) Pourtant ce fut à l'occasion de sa *fête patronale*, que, deux ans après, le 12 novembre 1800, Sophie Bauwens et son mari, Bernard de Pauw, avec leur fils Napoléon-Liévin Bernard de Pauw, son filleul, offrirent

rendez-vous pour ce jour aux ouvriers qu'il avait engagés : Harding, Lewis, Tagg, Kenyon, Laughton, Jepson, Farrar, White, Dean, Dinger et autres, qui devaient y venir avec leurs femmes et leurs enfants, pour s'y embarquer avec lui, sur le navire qui les transporterait, avec les caisses contenant les mécaniques, à Hambourg.

Voici ce que fut, en réalité, cet « accident » de la Saint-Liévin, dont il a souvent été parlé.

Le lundi 12 novembre 1798, la foule emplissait le port de Gravesend, procédant au chargement et déchargement des nombreux navires dans ce port de Londres, alors déjà très fréquenté et dominé, d'un côté, par les délicieux jardins étagés en terrasses de Rosherville, de l'autre par le fort de Tilbury, construit sur les falaises par Henri VIII pour protéger l'embouchure de la Tamise.

Parmi ces embarcations se trouvait le cutter de Mazzinghi, celui-là même auquel Liévin Bauwens avait fait adresser un mois auparavant par son futur beau-frère Bernard de Pauw des bouteilles de liqueur. C'est dans ce petit bâtiment de guerre léger, à un seul mât muni d'une large voile, que Liévin Bauwens se préparait à s'embarquer avec les ouvriers qu'il avait amenés de Londres, et peut-être avec une partie de ses caisses de machines. Tout-à-coup, la femme

---

« à leur frère Liévin Bauwens », des cadeaux et bouquets, et chantèrent des couplets de circonstance. — Prosper Claeys, *op. cit.*, p. 2.

de Harding, mère de cinq petits enfants, et
excitée par sa famille, accourut sur le quai du
port, et se mit à crier et à s'opposer brusque-
ment au départ de son mari, qui se trouvait
avec les autres ouvriers à côté de Liévin Bauwens. La foule s'amassa, les magistrats furent
prévenus qu'un étranger voulait emmener des
ouvriers en coton hors du territoire de la
Grande-Bretagne. Ordre fut donné de le saisir
ainsi que ses complices et le capitaine du navire
qui devait les transporter. Mazzinghi fut arrêté;
Harding parvint, paraît-il, à se justifier; mais
Liévin Bauwens, qu'un long séjour en Angleterre avait rendu tellement ressemblant à un
Anglais par son costume, ses manières et son
langage, qu'il fut pris pour un curieux par les
recors qui cherchaient un étranger, ne fut pas
reconnu d'abord, et eut le temps de s'échapper [1].
Ne pouvant plus s'embarquer à Gravesend, il
court à Londres [2] et se rend d'abord chez Lammens, qu'il quitte avec tant de précipitation
qu'il y oublie son portefeuille, puis de là chez
Swainson, qui attelle immédiatement une
voiture et le conduit avec huit de ses com-

---

(1) BRIAVOINNE, Mémoire de 1835, p. 71. —VAN HOORE
BEKE, dans l'*Emancipation* de 1835 — Brochure HEBBE-
LYNCK (Gand, 1853), p. 27.

(2) Chez Undershell, d'après HEBBELYNCK, p. 5, chez
François de Pauw, d'après M. PÉRIER, où des visites
domiciliaires sont immédiatement faites; mais ces faits
ne sont pas établis. F. de Pauw, notamment, ne se trouvait pas alors à Londres. On verra plus loin les périls
non moins grands qu'il a courus.

pagnons à Yarmouth [1]. Là il frète un bâtiment
pour son compte [2], et s'embarque avec eux.
Mais, avant de partir, il écrit plusieurs lettres,
qu'il charge Swainson de remettre à leur adresse
à son retour à Londres. Ces lettres étaient
adressées à Harding, son directeur de travaux,
à Mayer, un de ses ouvriers, pour leur donner
des encouragements et des instructions afin
de le rejoindre à Hambourg, et à Lammens,
pour se plaindre de ceux qui l'ont « trahi », et
notamment de « cet inconstant hypocrite, qui
« l'a abandonné au dernier moment ». Il lui
recommande en outre les femmes, parents et
amis des ouvriers qui l'ont accompagné [3].
C'étaient notamment les femmes de White,
Tagg, Kenyon, Jepson et Farrar [4].

Miles Swainson, revenu à Londres dans la
nuit du 12 au 13, vit Harding dès le lendemain
matin ; celui-ci prétexta que sa femme était
malade et qu'il ne pouvait songer à voyager
tant qu'elle serait en cet état, mais qu'il tâche-
rait de l'habituer peu à peu à l'idée de s'expatrier et qu'il irait avec elle rejoindre le plus tôt
possible Liévin Bauwens. Il lui disait d'« encou-
« rager les gens » et paraissait désirer vivement
de s'embarquer. Swainson, en mandant aussitôt

---

(1) Lammens à Liévin Bauwens, 13 et 16 novembre 1798.

(2) Brochure Hebbelynck, p. 5.

(3) Même lettre de Lammens. — Lettre de Liévin Bauwens, à Harding, de Hambourg, 20 novembre 1798.

(4) Swainson à Liévin Bauwens, 13 novembre 1798,
et réponse de ce dernier, le 20 novembre 1798.

cette nouvelle à Bauwens à Hambourg, croyait
qu'il ne viendrait que dans un mois. Il avait,
du reste, payé à Mme White ses frais de voyage
depuis Manchester, et celle-ci avait consenti à
s'embarquer avec le capitaine Robb le vendredi
suivant[1]. Mme Farrar était arrivée, le jeudi
15 novembre, de Manchester avec ses deux
enfants et voulait rejoindre son mari. Swainson
et Harding lui dirent d'abord qu'ils ne savaient
où il était, et tâchèrent de la persuader de re-
tourner dans son pays; mais pendant trois jours,
toute affligée et en larmes, elle assaillait Lammens, qu'elle compromettait par ses cris et ses
pleurs, et qui la renvoyait à Mayer; le peuple la
poursuivait de ses imprécations; enfin, le
16 novembre, elle déclara qu'elle voulait à tout
prix rejoindre son mari, et partir avec le capitaine Robb, qui mettait à la voile ce jour-là.
Mais celui-ci ne voulait pas la prendre à bord.
Swainson, dans une nouvelle lettre à Liévin,
ne voyait qu'un moyen, c'était de l'embarquer
avec le capitaine Vermeulen, qui devait partir
pour Gand, comme corsaire, le dimanche 18
ou lundi 19. Dans ses perplexités, Swainson
demandait ce qu'il fallait faire de toutes les
autres femmes, si elles pouvaient rejoindre
leurs maris ou s'il fallait continuer à leur donner de l'argent à la banque ? Il n'avait plus revu
Harding ni Wenham[2]. Dès le 13, Swainson

---

(1) Swainson à Liévin Bauwens, 13 novembre 1798,
et réponse de ce dernier, le 20 novembre 1798.
(2) Lettre de Swainson, 16 nov. 1798. Lammens, id., id.
Le premier s'excuse de sa mauvaise écriture, « tant il est
« occupé de toutes ces femmes ».

5

avait écrit que Wenham était revenu à Londres, le jour où Liévin avait dû s'enfuir et qu'il
demandait ce qu'il fallait faire des caisses.

Sur ces entrefaites, le 15 novembre dans
l'après-dîner, Mazzinghi avait été transporté de
Gravesend à Londres sous la garde de M. Wag-
staffe, messager du Roi, et conduit à Bowstreet ;
et le journal le *Star*, publiant cette nouvelle le
lendemain soir, ajoutait : « On ne connaît pas la
« nature des charges contre ce gentleman [1]. »

Lammens, pris de peur, au milieu de tous ces
dangers, demandait à Liévin Bauwens de lui
écrire en français en lui donnant le faux nom de
Jackson, pour écarter les soupçons, lui promettait de protéger les femmes, l'informait que
Mayer lui avait dit que tout était arrangé avec
Harding, et le priait de demander à François de
Pauw de lui expédier de Hambourg une somme
de 265 livres sterling (6,625 francs), pour régler
immédiatement certaines dépenses de Liévin
Bauwens [2].

Cependant Liévin Bauwens, parti de Yarmouth le 13 novembre, ballotté plusieurs jours
sur une mer affreuse, qui brisait au même
moment sur les rochers de Douvres l'un de ses
plus beaux navires, celui du capitaine Ocket
Stad Bergen, venu d'Ostende avec une riche
cargaison de cuirs et de peaux [3] poursuivi
personnellement par plusieurs bâtiments de

---

(1) Lettre de LAMMENS à LIÉVIN BAUWENS, 16 nov. 1798.
(2) Lettres du 13 et 16 novembre 1798.
(3) Lettre de LAMMENS à LIÉVIN BAUWENS du 23 et
27 nov. 1798.

l'Etat que le Gouvernement avait lancés à sa suite pour le capturer et dont l'un avait pu s'approcher assez du bâtiment qui le portait pour le héler, Liévin Bauwens était arrivé en vue du port de Hambourg et avait pu s'y réfugier avant d'être atteint[1]. Arrivé sain et sauf le 17 novembre, il se cache chez son frère Jean, avec les ouvriers qu'il a amenés, et, n'y trouvant aucune lettre, parce que le courrier d'Angleterre n'était pas encore arrivé, il écrit, le 20, à tous ses amis de Londres, Swainson, Harding, Undershell et Lecointe, pour les informer de ses projets et leur donner des instructions[2].

Comme on vient de le voir, Liévin Bauwens, privé de Harding, avait toutes les peines du monde à maintenir les ouvriers qu'il avait amenés ou qui l'avaient précédé. Il leur avait, en effet, dévoilé ses projets ; il ne s'agissait plus de les engager dans une fabrique en Écosse ou à Hambourg, il fallait partir immédiatement pour Gand et Paris, afin d'y monter une filature de coton. A cette nouvelle, qui doit les éloigner à jamais du sol natal, un complot s'organise. White en paraît le chef ; Lewis et Tagg, profi-

----

(1) Brochure HEBBELYNCK, p. 5. — Il en résulte que la tradition existant à Ostende, que le maire de cette ville, ANDRÉ VAN ISEGHEM, sauva la vie de LIÉVIN BAUWENS en faisant tirer le canon de la côte, doit se rapporter à un autre passage en fraude des contrebandiers à leur solde ; l'état de siège avait été proclamé le 12 mai 1798, et devait durer jusqu'en 1802. Voir sur A. VAN ISEGHEM ma notice dans la *Biographie Nationale* (Bruxelles, 1889), t. X, col. 21 à 24.

(2) Copies de ses lettres par SIMON, 20 nov. 1798.

tant d'une absence de Liévin, s'enfuient et vont le dénoncer au Ministre d'Angleterre, qui les prend sous sa protection. C'était le 23 novembre[1]. Prévenu à temps, Liévin Bauwens, qui ne comptait partir que le lendemain, apprenant que lord Crawford l'avait dénoncé à son gouvernement et faisait toutes les démarches possibles pour le faire arrêter avec ses ouvriers, lui échappa par un départ précipité[2]. Il partit, le même jour, en voiture avec cinq anglais qui lui étaient restés fidèles; parmi eux se trouvaient Kenyon, Farrar, Jepson; une dame de Hambourg, chez qui logeait Jean Bauwens, les accompagnait, pour leur faciliter la route en pays allemand. Liévin chargeait son frère Jean d'ouvrir les lettres venant d'Angleterre, et de fournir à Lammens un crédit de 3000 livres sterling (75,000 francs)[3]. Aussitôt après son départ, Jean Bauwens se rend chez le Ministre de France pour faire arrêter « les traîtres »; mais celui-ci refuse d'intervenir. Il les fait alors rechercher par son commis Simon; après une journée de perquisitions, il les découvre : Tagg, feignant hypocritement une maladie, pour mieux jouer son rôle, fut trouvé caché sous son lit; Lewis refusait d'aller plus loin, parce

---

(1) Lettres de JEAN BAUWENS à LIÉVIN BAUWENS, 23 et 24 novembre 1798.

(2) Observations de LIÉVIN BAUWENS à FRANÇOIS DE NEUFCHATEAU, titulaire de la Sénatorerie de Bruxelles (1808), p. 8. — Brochure HEBBELYNCK, p. 47, cf. p. 5-6.

(3) Lettres de JEAN BAUWENS à LIÉVIN, des 24 novembre, 3 et 4 décembre 1798, et 14 janvier 1799.

que sa femme n'avait point touché l'argent
promis ; il rejetait d'ailleurs la faute sur White,
et promettait de revenir dans l'après-dîner,
mais il ne vint pas. Lewis et Tagg étaient partis
pour Cuxhaven, avant-port de Hambourg, situé
à trois lieues, à l'embouchure de l'Elbe, avec
l'intention de s'y embarquer pour Londres,
pour aller tout découvrir. En apprenant ce
« trait infâme », Jean Bauwens fait à l'instant
tous ses préparatifs de départ ; bien que malade,
il se rend avec Simon et de Pauw à Cuxhaven,
apportant avec lui les instruments du télé-
graphe, pour les faire arrêter ; s'il ne réussit
pas, Simon partira pour Londres, afin de mettre
tout à couvert ; il espère avoir sur eux une
avance de dix jours [1].

Cependant les « deux coquins » sont arrêtés
à Cuxhaven, et amenés devant le Sénateur de
la ville ; mais celui-ci les relâche, après leur
avoir fait prêter le serment solennel de ne
jamais rien divulguer de l'affaire. Simon était
déjà parti pour Londres, tandis qu'ils étaient
retenus dans le port par les vents contraires.
Jean Bauwens revient à Hambourg pour surveiller White, qui feint de vouloir rejoindre
Liévin Bauwens, mais qu'il croit leur complice,
qui les a dénoncés parce que, ne pouvant aller
lui-même en Angleterre, il craint que Lewis ne
retire trop grand profit de sa trahison et ne
veuille point partager avec lui [2]. Tous les

---

(1) Lettre du même au même, du 24 novembre 1798.
(2) Idem, du 3 décembre 1798.

jours, il vient deux ou trois fois chez lui, et lui offre ses services pour engager de nouveaux ouvriers anglais ; mais Jean Bauwens, qui s'en méfie, cherche l'occasion pour le faire partir dans deux ou trois jours, ainsi que sa femme, qui vient d'arriver avec le capitaine Robb [1].

Mais à peine Liévin Bauwens avait-il échappé au double péril de la police anglaise et des flots en courroux qu'il allait avoir de nouveaux dangers à conjurer. Les régions de la Belgique qu'il devait traverser étaient alors en proie à la plus terrible des guerres civiles ; précisément au mois d'octobre 1798, les paysans, tant en Flandre qu'en Wallonie, s'étaient révoltés contre les lois iniques qui fermaient les églises et contre celles qui introduisaient la conscription en Belgique ; si les villes étaient calmes, les campagnes étaient sillonnées de bandes héroïques qui revendiquaient leurs libertés. Des meurtres, des assassinats, de sanglants combats éclataient de tous côtés ; la *Guerre des Paysans* sévissait avec violence [2]. Pour sauver les fragments des mécaniques qu'il avait à reconstituer, Liévin Bauwens les attacha sous les jantes de sa voiture [3] ; il parvint ainsi à les soustraire aux fureurs populaires qui animaient les campagnards contre les citadins, et il arriva

---

(1) Lettre de Jean Bauwens à Liévin du 4 décembre 1798.

(2) Orts, *La guerre des paysans* (Bruxelles, 1863). — Conscience, *De Boerenkrijg,* nombreuses éditions à Anvers. — de Lanzac de Laborie, *La domination française en Belgique* (Paris, 1895), 2 volumes, in-8°.

(3) *Dictionnaire universel et classique d'histoire et de géographie* (Bruxelles, 1853, t. I, p. 441).

à Gand sans encombre. Les contemporains attestent le triste spectacle qu'offrit l'arrivée de ces débris de machines et de ces hommes démoralisés qui les apportaient[1]. Mais Bauwens ne perdit point courage; il partit aussitôt pour Paris, et, dans ce milieu plus tranquille, il se mit, à l'aide de ses souvenirs et à force d'ingéniosité qui tenait du génie, à reconstituer les mécaniques qu'il avait vu fonctionner, et il établit au ci-devant couvent des Bonshommes à Passy, avec les ouvriers anglais qu'il avait amenés, la première filature de coton du continent[2].

C'est là qu'il apprit par une longue correspondance avec tous ses émissaires et amis, le procès qui leur était intenté à Londres. Malgré toutes les précautions de son frère Jean, Lewis et Tagg étaient arrivés à Londres et avaient tout dénoncé à l'autorité anglaise. « La catastrophe » était proche. Le 14 décembre 1798, Harding, Smallbone, Swainson père et fils sont arrêtés; les caisses sont saisies au magasin de Pearson. Trois jours après, Lammens est également arrêté et mis au secret. Simon était parvenu à s'échapper. François de Pauw, renvoyé en Angleterre avec toutes les pièces pour tâcher de recouvrer les machines, avait été expulsé[3]. Le comité des fabricants de

---

(1) Brochure Hebbelynck, p. 38.

(2) Sept lettres de Liévin Bauwens à Bernard de Pauw, du 18 décembre 1798 au 10 janvier 1799.

(3) Jean Bauwens à François de Pauw, 25 janvier 1799 — Le même à Liévin Bauwens, 10 mars 1799.

Manchester et les imprimeurs de coton de
Londres intentèrent des poursuites devant la
Cour d'Old Bailey, contre Harding par deux
assignations (*indictments*) pour huit délits (*offen-
ces*), contre Lammens pour trois: le recel de
machines à exporter, la séduction de Tagg, *la
conspiration contre le pays;* chacun de ces délits
était puni d'un à deux ans de prison. Lewis et
Tagg étaient dénonciateurs et témoins; les
Swainson, qui, au moment de leur arrestation,
avaient eu la précaution de brûler tous leurs
papiers, étaient simples témoins[1]. Toutes les
tentatives faites pour sauver les machines con-
fisquées, comme appartenant à Simon, qui était
arrivé à Hambourg, et qui se réclamait de sa
qualité de citoyen neutre, en sa qualité de bour-
geois d'Altona, échouèrent. Le 9 janvier 1799,
les prévenus comparurent devant Sir Richard
Carr Glyn, lord-maire de Londres, et les autres
commissaires informateurs; l'affaire fut évoquée, à la diligence de la Couronne par la Cour
du *King's Bench,* en vertu d'un *writ of certiorari*[2].
L'avocat de la Couronne, le célèbre lord Thomas Erskine, soutint l'accusation; il affirmait
que le projet d'enlever à l'Angleterre un avantage auquel elle tenait « comme à la prunelle de
ses yeux » était un « crime capital » digne du
dernier supplice (*capital crime, liable to pay
the ultimum supplicium*)[3]. Si les délits d'expor-

---

(1) Lettres de LAMMENS et de JEAN BAUWENS à LIÉVIN
BAUWENS, 15 janvier 1799.

(2) Sur les *writs of certiorari,* voir DE FRANCQUEVILLE,
Le système judiciaire de la Grande-Bretagne, t. II, p. 126.

(3) Procès-verbaux du Record-Office.

tation de machines n'étaient punis que de
l'amende et de la prison, il n'en était pas de
même de la *conspiration contre le pays*. Lammens
et Harding furent acquittés de ce dernier chef,
mais condamnés pour le premier, à douze mois
d'emprisonnement et 500 livres d'amende.
Cette condamnation, du 27 février 1799, fut
reproduite dans le *Times* du 1er mars, que Lammens s'empressa d'envoyer à Liévin Bauwens à
Paris.

Il avait été beaucoup question de ce dernier
dans le procès de Londres. L'affaire avait été
renvoyée, quant au point le plus important,
devant le jury de jugement. Mais, le 24 mars
1799, personne ne se présenta au nom de la
Couronne, à Guildhall, devant Lloyd lord
Kenyon, *Chief-Justice* de Sa Majesté, et son
adjoint Roger Kenyon, qui, par une singulière
coïncidence, portaient le même nom qu'un des
principaux collaborateurs de Liévin Bauwens,
qui plus tard épousa sa fille. Le fait doit sans
doute s'expliquer par la jurisprudence anglaise
qui, soucieuse des droits du citoyen, ne permet-
tait sous aucun prétexte la procédure par contumace d'un accusé qui ne pouvait se défendre.
Liévin Bauwens, étant parvenu à se soustraire
par la fuite, ne pouvait être condamné ; mais il
n'est point douteux que, si le mandat d'arrêt
lancé contre lui avait pu être mis à exécution,
il eût été puni de *mort* ou de *déportation,* non
point pour contravention aux lois sur l'exportation des machines et l'embauchage des
ouvriers, mais pour crime de *haute trahison,*

intelligence avec l'ennemi, conspiration et *complot.*
Il se trouvait d'autant plus exposé à ces dangers que, de notoriété publique, il était l'un des
fournisseurs des armées françaises dont l'une
venait d'envahir l'Irlande, après la malheureuse
campagne du général Hoche en 1796. La guerre
avait repris avec fureur, et la capitulation du
général Humbert après la bataille de Ballina-
muck (8 septembre 1798) avait été suivie des
supplices les plus atroces ; cinq cents Irlandais
avaient été massacrés, les principaux chefs
pendus, et, le jour même de l'accident de Gravesend, le 12 novembre 1798, l'héroïque Wolf
Tone, pris par trahison et condamné à mort,
s'était suicidé dans sa prison [1]. D'autre part, le
célèbre industriel gantois était protégé et
intimement lié avec les membres du Directoire
à Paris ; il soumettait ses plans au Ministre de
l'Intérieur [2], recommandait le neveu du Directeur Gohier à ses amis de Gand [3], et demanda
plus tard au Directoire « l'entreprise des prison-
« niers français en Angleterre en récompense
« des sacrifices considérables, de la constante
« activité et particulièrement de l'intrépide
« dévoûment de celui qui a pu plusieurs fois
« périr au milieu des plus cruels ennemis,
« à l'occasion de l'établissement de manufacture

---

(1) Guillon, *La France et l'Irlande* (1888), p. 412. —
Prayon-van Zuylen, *Korte staatkundige geschiedenis van
het Iersche volk,* publiée par l'Académie royale flamande
(Gand, 1902), p. 224.

(2) Rolland à Liévin Bauwens, 15 juin 1799.

(3) François Bauwens à Liévin 12 septembre 1799.

« anglaise sur le territoire de la République,
« des translations en France des maîtres chefs
« d'atelier et des mécaniques de Manchester,
« réunis aux ci-devant Bonshommes près
« Paris[1]. » Cet établissement était le rendez-
vous de tout ce qui avait quelque puissance;
on y voyait souvent celui qui allait devenir le
maître de la France; aussi lorsqu'après le 18
Brumaire, le Premier Consul Bonaparte nomma
Faipoult préfet de l'Escaut, ce fut dans la voiture des Bauwens, qu'il arriva à Gand le
20 mars 1800[2], et ce fut sur les instances de
cet intime ami que Liévin Bauwens fut nommé
maire de Gand le 15 juin suivant, fonctions
dont il se démit moins d'un an après en faveur
de son premier adjoint François de Naeyer,
pour se consacrer entièrement à ses occupations
industrielles[3]. Lorsqu'enfin, le 15 juillet 1803,
le nouveau souverain visita la ville de Gand, il
passa plusieurs heures dans l'établissement des
Bauwens, et se fit répéter par l'un des frères,
en présence de l'un de nos anciens collègues,
Conseiller de cette Cour, « les faits les plus
« saillants de son aventureuse entreprise en
« Angleterre »[4].

« On comprend », dit l'un de ses meilleurs

---

(1) Minute de la main de Liévin Bauwens.

(2) Bibliothèque de l'Université de Gand, MS. n° 11220,
t. II, p. 43.

(3) Lettres de Faipoult à Liévin Bauwens, du 11 mai
1800 au 11 novembre 1802.

(4) Mémoires de Jean Bauwens et du conseiller de
Smet-Grenier.

historiens [1], « que le conseiller municipal gantois Van der Haeghen ait dit en 1805, lorsqu'il fut question de frapper une médaille d'or en l'honneur de Bauwens : « C'est à ce citoyen « que Gand, que la France entière doivent la « connaissance et l'établissement de la filature « de coton, dite *mull Jenny*, connaissance qui « eût *coûté les jours* à cet homme courageux si « malheureusement il avait été saisi à sa « sortie d'Angleterre ».

Il résulte de toutes ces circonstances que c'est bien *au péril de ses jours* qu'il avait réalisé ses projets, lesquels, pour être contraires aux lois anglaises qui ne le liaient point, étaient conformes au droit naturel, puisqu'il payait de son or les hommes qu'il engageait et les choses qu'il achetait. Il ne faisait, du reste, qu'employer les mêmes moyens dont le roi d'Angleterre Edouard III avait au moyen-âge usé largement pour transporter dans son royaume la florissante industrie des tisserands de ce même pays de Flandre.

———

Voici, pour résumer et terminer, un extrait des pièces de procédure :

Procès Harding (Saul).

Le 9 janvier 1799 (39e année de Georges III) comparaît à la Cour d'Old Bailey devant Sir Richard Carr Glyn, lord maire de Londres,

———

(1) Boghaert-Vaché, *op. cit.*, p. 35.

assisté des autres commissaires informateurs, le nommé Saul Harding, ouvrier à Londres, accusé d'avoir, le 3 octobre 1798, tenté d'engager par dons, promesses ou menaces le nommé Joseph Jepson, ouvrier en calicots et cotons, à se rendre à Hambourg et à quitter la Grande-Bretagne, contrairement au statut.

L'affaire fut, à la diligence de la Couronne, évoquée par la Cour du *King's Bench* en vertu d'un « *writ of certiorari* ».

Déclaré coupable par le jury de jugement le mercredi après l'octave de St. Hilaire (le 27 février 1799), Harding est condamné à 500 livres d'amende et 12 mois de prison, peine portée par le statut.

La Couronne avait été représentée par James Templar, son avocat.

1ᵉʳ Procès Lammens.

Le même jour et devant les mêmes, J.B. Lammens, négociant dans la paroisse de St. Clément, Eastcheap, dans le quartier de Candlewick, est traduit pour avoir, le 3 octobre 1798, fait une tentative analogue auprès du nommé James Tagg, ouvrier cotonnier.

L'affaire est également évoquée par le *King's Bench*.

Devant cette Cour, Thomas Erskine, avocat de la Couronne, soutient l'accusation.

Lammens, déclaré coupable par le jury, est condamné à 500 livres d'amende et à 12 mois de prison (le 27 février 1799).

2ᵈ Procès Lammens.

Le 9 janvier 1799, à Old Bailey devant les
mêmes, comparution de Lammens et de Smallbonds. Verdict du jury d'accusation :

« Les jurés pour notre Sire le Roi exposent
sous la foi du serment que J. B. Lammens, en
dernier lieu de la paroisse de St. Clément,
Eastcheap, dans le quartier de Candlewick à
Londres, négociant, et Richard Smallbonds, en
dernier lieu du même endroit, journalier, étant
des gens malveillants et mal disposés et ne
tenant aucun compte des statuts de ce royaume,
ont, *le 4ᵐᵉ jour de Septembre dans la 38ᵉ année* de
notre souverain George III, roi de la Grande-
Bretagne, dans ladite paroisse et dans ledit
comté, de vive force et en armes [1]. illégalement et malicieusement, conspiré, combiné et
se sont ligués et entendus avec un certain individu dont le nom de famille est Bauwens, mais
dont le prénom est inconnu jusqu'ici, pour
traiter avec divers ouvriers, les circonvenir et
tâcher de les séduire, lesdits ouvriers étant à
cette époque employés (ou l'ayant été) à impri-
mer des calicots et des cotons ou à confec-
tionner ou à préparer les blocs, plaques,
machines, outils et ustensiles se rapportant à
cette industrie, et ce aux fins de les entraîner
hors de la Grande-Bretagne dans les pays

---

(1) *With force and arms.* Cette expression, qui n'est
employée dans les documents que pour caractériser la
violation *ouverte* des lois, ne doit naturellement pas être
prise à la lettre.

d'outre mer, à savoir à Hambourg, et aussi
pour exporter de la Grande-Bretagne dans les
pays d'outremer, à savoir à Hambourg, divers
blocs, plaques, machines, outils et ustensiles,
et diverses pièces d'iceux, ordinairement
employés dans les manufactures pour l'impression du calicot et du coton et propres à monter
et à faire marcher cette industrie. Et lesdits
jurés, toujours sous la foi du serment, exposent
en outre que le susdit individu dont le nom est
Bauwens et Saul Harding, en vue ou en exécution des dites conspiration, combinaison, confé-
dération et convention entre les dits J. B. Lammens et Richard Smallbonds et ce même
individu dont le nom est Bauwens, et aussi
Saul Harding, ainsi qu'il a été dit, ont ensuite,
à savoir le même jour et la même année, de
vive force et en armes, dans la dite paroisse et
dans le dit quartier, au dit Londres, contracté
illégalement avec un certain Richard Lewis en
vue de le déterminer, de le persuader et de
tâcher de le séduire, et ce en vue de l'entraîner
hors de la Grande-Bretagne dans les pays
d'outremer, à savoir à Hambourg, le dit
Richard Lewis étant à cette époque un ouvrier
ayant travaillé et été employé à l'impression
des calicots et des cotons, et à faire ou à préparer certaines machines pour cette industrie ;
et ce en promettant audit Richard Lewis qu'il
recevrait comptant la somme de 60 livres, que
ses frais de voyage jusqu'à Hambourg seraient
payés et qu'on lui allouerait la somme de trois
guinées (environ 79 francs) par semaine jusqu'à

ce que l'on pût l'employer dans une manufacture pour l'impression du calicot et du coton à
établir au dit Hambourg, qu'on lui payerait un
penny pour chaque yard (0ᵐ90) de calicot et de
coton qu'il imprimerait à cette manufacture, et
que, si l'impression du calicot et du coton ne
lui donnait pas un emploi suffisamment constant et rémunérateur, on continuerait comme
auparavant à payer au dit Richard Lewis
trois guinées par semaine. »

Même accusation en ce qui concerne la tentative d'embaucher deux autres ouvriers, James
Tagg et John Laughton.

Le jour de l'octave de la Purification, renvoi
devant le jury de jugement. James Templar
poursuit au nom de la Couronne.

15 jours après Pâques, les accusés comparais-
sent devant Lloyd lord Kenyon, *Chief-Justice*
de Sa Majesté, assisté de Roger Kenyon,
adjoint à cette fin.

Personne ne se présente pour soutenir l'accusation au nom de la Couronne.

Lammens et Smallbonds sont acquittés par
le jury.   *Record Office.*

*
* *

J'espère, Messieurs, n'avoir point abusé de
votre temps ni de votre patience, en saisissant
l'occasion de cette audience solennelle pour
fixer un point d'histoire, de procédure et de
législation que la possession et la découverte
de documents authentiques (que l'on m'enga-

geait depuis longtemps à faire connaître) [1] met-
tent définitivement en lumière. Vous me
pardonnerez d'avoir été forcé d'entrer dans
d'infimes et minutieux détails; il fallait établir
par des faits et des dates la somme d'efforts
persévérants accumulée pendant de longues
années pour faire réussir une entreprise aussi
périlleuse.

J'ai hâte et j'appréhende à la fois (car je
dois, d'après une pieuse coutume, consacrer la
fin de mon discours à la commémoration de nos
chers collègues et amis disparus), j'ai hâte de
franchir encore le siècle qui nous sépare du
parent d'un de nos anciens magistrats du Conseil de Flandre, dont la gloire a été attestée
par un de nos collègues de la première Cour
d'Appel des Flandres.

Aux solennelles et joyeuses entrées, aux
installations imposantes des collègues que vous
avez choisis, succèdent souvent les jours de
tristesse et de deuil. Rarement, sans doute,
les fastes judiciaires en ont offert un contraste
pareil à celui dont notre Cour a donné le dou-
loureux spectacle, il y a moins d'un an. Nous
étions encore sous l'impression inoubliable de
cette audience solennelle, où, par un hasard
peu fréquent, les deux chefs de la Cour, celui
du Siège et celui du Parquet Général, étaient

---

(1) Voir les journaux de l'inauguration de la statue,
notamment le journal *Le Commerce et l'Industrie* de Gand
des mois de juillet à novembre 1885. — A. Boghaert-
Vaché, *op. cit.*, 1886, p. 36 et 44.

installés en même temps, et recevaient les con-
gratulations, souvent trop flatteuses, de leurs
collègues trop indulgents[1]. Jamais pourtant
les éloges qui furent adressés à M. le Premier
Président DE GOTTAL, lors de son installation
le 12 juin 1902, n'avaient été mieux mérités.
Il avait suffi d'énumérer les dates et les faits
de la longue et utile carrière de cet éminent
magistrat pour faire apprécier la haute valeur
des services qu'il avait rendus et qu'il était
appelé à rendre encore dans la dignité la plus
élevée de la magistrature des deux Flandres.
Nous l'avions suivi, dans nos souvenirs affec-
tueux et respectueux, après ses brillantes
études à l'Université de Gand, docteur en
droit à l'âge de 21 ans, professant pendant
quelques années le droit naturel en ce même
établissement qu'il avait illustré, nommé trois
ans après, le 24 octobre 1863, juge au Tribunal
de première instance à Furnes, et bientôt le
22 avril 1867 à celui plus important de Bruges,
où nous l'avons personnellement connu, et où
nous avons compris combien légitime et éclairé
fut le choix de la Cour et du Roi, qui, le 16 septembre 1875, l'appelèrent au siège de conseiller, comme nous avons été le témoin de
cette ardeur au travail, de cette impartialité
indiscutée, de cette rectitude de jugement, qui,
d'un vote unanime, le firent appeler par ses collègues, d'abord à une présidence de Chambre,

---

(1) Voir *La Belgique Judiciaire* du 27 juillet 1902, t. LX,
p. 1010 s. — *La Flandre Judiciaire*, t. XIV, p. 417.

le 7 mars 1892, enfin à la Première Présidence,
le 23 mai 1902. Nous étions loin de nous douter
alors, nous qui partagions sa joie et ses honneurs, que cette audience solennelle à laquelle
il assistait, déjà souffrant, aurait été la dernière, et que la croix de Commandeur de son
Ordre que Sa Majesté lui accorda d'après nos
vœux unanimes le 10 novembre 1902 (après
l'avoir nommé Chevalier en 1897, Officier en
1889, et décoré de la Croix civique de 1re classe
en 1894), aurait été déposée sur son cercueil.
C'est en effet, le 14 novembre 1902, que nous
avons perdu cet excellent collègue, et ceux qui
l'ont connu comme nous, dans toute une vie de
travail et de dévoûment, ceux qui l'ont vu lut-
ter jusqu'au dernier jour contre le mal implacable
cable qui nous l'a ravi, attesteront qu'il s'est
montré digne de la série déjà longue de ses
éminents prédécesseurs [1], et qu'il a bien mérité
de la magistrature et des justiciables. Ce sera la
meilleure consolation de son fils, qui suit si
bien ses traces au barreau, et qui, frappé d'un
double deuil (car la compagne de notre cher
collègue ne lui survécut que peu de mois), trou-
vera toujours en nous cette sympathique amitié
que légitiment et ses propres mérites et nos
anciennes affections.

Il ne s'était pas écoulé trois mois, que la
Cour faisait une perte non moins sensible et

---

(1) MM. Massez (1832), Roels (1842), Van Innis (1858),
Van Aelbroeck (1864), Lelièvre (1870), Grandjean
(1879), de Meren (1885), Tuncq (1890), Coevoet (1892),
Van Praet (1901).

imprévue en la personne de M. le Conseiller
SOUDAN, décédé le 2 février 1903, à l'âge de
soixante-cinq ans. C'etait l'un de mes meilleurs
et plus anciens amis d'enfance et de jeunesse,
comme de l'âge mûr. Je puis donc attester,
bien que les hasards de la vie nous aient souvent séparés et réunis, de quelle trempe solide
était cet esprit d'élite, ce cœur excellent, cette
âme droite, ce caractère d'une inébranlable
fermeté. Ces éminentes qualités s'étaient révé-
lées dès son jeune âge, soit qu'il obtînt de bril-
lants succès dans ses études primaires, moyen-
nes et universitaires, soit qu'il soutînt ses
opinions dans la vie politique, soit qu'il donnât
sur le siège du Tribunal et de la Cour de Gand
l'exemple le plus parfait du véritable magistrat.
L'un de nos collègues a d'ailleurs dépeint, dans
une oraison funèbre très-remarquée[1], ce juris-
consulte d'un jugement sûr, d'une science
éprouvée dans toutes les branches du Droit, ce
type d'intégrité et d'impartialité professionnelle
que révélait toute sa personne, et jusqu'à
sa démarche digne et son accueil courtois.
Le plus bel éloge qu'on ait pu faire de lui est
celui d'un adversaire politique qui, voyant en
lui un « magistrat de talent » ajoutait, que « bien
« qu'il eût figuré parmi les militants du parti
« contraire, il se plaisait à lui reconnaître le
« mérite d'une scrupuleuse impartialité », et
celui d'un ami qui disait que « en entrant dans
« la magistrature, il devint en quelque sorte un

---

(1) *Belg. Jud.*, t. XI, p. 271 et *Fl. jud.*, t. XV, p. 97.

« autre homme » qui, « sans renoncer à ses con-
« victions.... poussait jusqu'au scrupule le cons-
« tant souci de l'impartialité judiciaire » (1). Les
partis s'honorent en se faisant une si haute
idée de la justice et en louant ainsi ses vérita-
bles représentants, et les gouvernements ne
devraient jamais négliger la rare fortune de
nommer de tels hommes, à quelque opinion
qu'ils appartiennent. Ces éloges seront à la fois
un stimulant et une consolation pour ses deux
fils, qui suivent ses traces et ses traditions dans
la magistrature. Le Roi avait reconnu ses mérites. Après l'avoir nommé substitut du procureur du Roi à Gand en 1870, juge au même
siège en 1873, conseiller à la Cour en 1885, il
lui avait conféré en cette même année la Croix
de Chevalier de son Ordre, et en 1895 la rosette
d'Officier. Après 35 ans de bons et loyaux services, Vital Soudan avait obtenu la Croix
civique de 1re classe.

Les Tribunaux de première instance avaient
été épargnés pendant toute l'année judiciaire,
lorsque, au moment où je commençais ce triste
nécrologe, un coup terrible et imprévu frappa
l'arrondissement de Termonde, en même temps
qu'une famille des plus nombreuses et des plus
considérées de cette ville. Le 24 septembre
dernier, M. le Vice-Président Van Duyse mou-
rait, au retour d'un lointain voyage où il avait
contracté une maladie subite. Optat Van Duyse

---

(1) Journaux de Gand, du 3 février 1908.

était à peine âgé de 54 ans; il venait d'arriver
au comble de ses désirs, il allait achever dans
une position élevée en sa ville natale, illustrée
par ceux de son nom, et que sa forte consti-
tution et ses qualités de magistrat travailleur,
intelligent et intègre pouvaient encore agrandir,
une carrière déjà longue vouée à l'étude et à la
pratique du droit. Et, poignante coïncidence,
le jour où il s'alitait pour ne plus se relever,
le Moniteur lui apportait la nouvelle de sa
nomination de Chevalier de l'Ordre de Léopold.
C'était une distinction bien méritée. Optat
Van Duyse, après de brillantes études, avait
été proclamé docteur en Droit, le 23 août 1871,
à l'âge de 22 ans, nommé juge suppléant à
Termonde le 16 octobre 1885, juge effectif le
9 avril 1888, vice-président le 3 juin 1903.
Ses derniers moments ont été adoucis par l'idée
qu'on avait reconnu ses mérites, et la douleur
de sa famille éplorée sera diminuée par les
témoignages touchants et multiples d'affection
qui ont entouré les imposantes funérailles de
cet homme simple et modeste, qui a refusé tous
les honneurs dûs à sa charge et à sa dignité.

La Magistrature inférieure a été également
frappée en l'un de ses plus dignes et anciens
représentants. M. JULES D'HOOP, juge de paix
honoraire, Chevalier de l'Ordre de Léopold,
décoré de la Croix civique de 1re classe, est
décédé à Gand le 13 novembre 1902, à l'âge
de soixante-dix-sept ans.

C'était le type de ce magistrat conciliateur,

qui est l'un des plus beaux fleurons de notre organisation judiciaire. Successivement avocat en 1847, surnuméraire et commis au parquet de la Cour d'Appel en 1852 et 53, secrétaire pendant six ans à ce même parquet général, depuis 1860, greffier-adjoint à la Cour en 1866, il a exercé les fonctions de juge de paix du deuxième canton de Gand pendant plus de 21 ans, du 27 août 1873 au 2 avril 1895. Il avait pu, dans ces diverses fonctions, s'initier à tous les arcanes de la vie judiciaire. C'était d'ailleurs chez lui tradition de famille. Descendant d'une ancienne lignée de magistrats, petit-fils d'un conseiller pensionnaire et actuaire des États de Flandre et au Grand Conseil de Malines, qui a laissé sa trace dans l'histoire, il a toujours pratiqué sa devise qui est aussi la nôtre : *Discite justiciam moniti et non temnere divos.*

Le Barreau a fait une perte cruelle et inopinée en la personne de M. l'avocat Louis Van den Bossche. Né à Gand le 16 juillet 1840, docteur en Droit et avocat près la Cour le 22 août 1864, il est décédé le 2 juin 1903. C'était une figure des plus sympathique et originale. Il excellait à présenter en un langage populaire, simple et imagé, les mille détails des affaires correctionnelles les plus embrouillées. Il commandait la confiance par son exposé clair et fait de bonne foi. Maître des pauvres, il aimait surtout les humbles et déshérités de la fortune. Il avait, du reste, des connaissances variées et solides en droit, que les nombreux membres de sa famille attachés aux institutions judiciaires ne feront que développer encore pour honorer d'autant mieux sa mémoire.

Au nom du Roi, je requiers qu'il plaise à la Cour de déclarer qu'elle reprend ses travaux.

STATISTIQUE JUDICIAIRE
du 1er août 1902 au 1er août 1903.

I. — JUSTICES DE PAIX.

Affaires civiles.

ARRONDISSEMENTS.	JUGEMENTS AU FOND		Jugements d'in- compétence.	Jugements inter- locutoires.	Enquêtes.	Conseils de famille.
	contradic- toires.	par défaut.				
Gand	343	200	11	108	88	1428
Termonde	200	52	3	120	62	1133
Audenarde	268	41	2	117	99	688
Bruges	298	160	7	152	96	909
Courtrai.	159	55	3	61	40	778
Ypres	74	13	2	22	24	388
Furnes	31	20	1	12	7	262
	1373	541	29	592	416	5586
		2535				

Simple police.

ARRONDISSEMENTS.	NOMBRE des jugements rendus.	NOMBRE des individus jugés.
Gand.	11143	13660
Termonde	2831	4092
Audenarde	1802	2320
Bruges	5361	7556
Courtrai	4577	6079
Ypres	1598	2497
Furnes	694	951
	28006	37155

II. — TRIBUNAUX DE PREMIÈRE INSTANCE.

	Jugements contradictoires en matière civile.	Jugements par défaut en matière civile.	Jugements contradictoires en matière correctionnelle.	Jugements par défaut en matière correctionnelle.	Affaires restant à juger	
					civiles.	correctionnelles.
Gand.	328	136	2212	613	210	1850
Termonde	79	52	1580	367	55	164
Audenarde	74	38	766	105	68	263
Bruges	165	103	1442	638	220	558
Courtrai.	89	36	1566	227	145	274
Ypres	29	13	787	119	48	54
Furnes	23	8	480	131	23	85
	787	386	8833	2200	769	3248
	1173		11033			

III. — COUR D'APPEL.

A. — *Affaires civiles.*

Causes restant à juger au 1er août 1902   107 ⎫
   »   réinscrites après avoir été biffées   2 ⎬ 323
   »   nouvelles inscrites au rôle . .   214 ⎭
   »   terminées par arrêts contradic-
       toires . . . . 170 ⎫
   »   terminées par arrêts par défaut   4 ⎬ 121
   »   »   » décrétement de
       conclusions, etc.. . . . . . .   47 ⎭
Arrêts interlocutoires   61
Affaires restant à juger au 1er août 1903 . .   102

La Cour a statué sur 47 demandes de *pro Deo* ; trois restent à juger.

B. — *Affaires électorales.*

Affaires introduites terminées par :
Arrêts définitifs. 1102
Arrêts interlocutoires 163

C. — *Affaires fiscales.*

Affaire introduite et jugée   1

D. — *Affaires de milice.*

Affaires introduites et jugées 237
Arrêts interlocutoires   24

E. — *Affaires correctionnelles.*

Affaires restant à juger au 1er août 1902 . . 127
   »   nouvelles entrées du 1er août 1902
       au 1er août 1903 954
Arrêts terminant des affaires 931
Il reste à juger 150 affaires.

F. — *Chambre des mises en accusation.*

190 arrêts, dont :

22 renvois aux assises ;

10 » aux Tribunaux correctionnels ;

5 non-lieu ;

84 demandes de mise en liberté et appels d'ordonnances sur mandats d'arrêt ;

44 décisions rendues en exécution de l'article 26 de la loi du 20 avril 1874 ;

13 demandes en réhabilitation pénale ;

2 déclarant l'appel sans objet ;

1 » l'opposition de la partie civile non recevable ;

1 avis sur demande d'extradition.

IV. — COUR D'ASSISES.

	Affaires jugées.	Nombre des pouvoirs en cassation	Résultat des pourvois.		
			Rejet.	Cassation.	en susp.
Flandre orientale .	15	3	3	»	»
Flandre occidentale.	17	2	2	»	»
	32	5	5		»